GW01311326